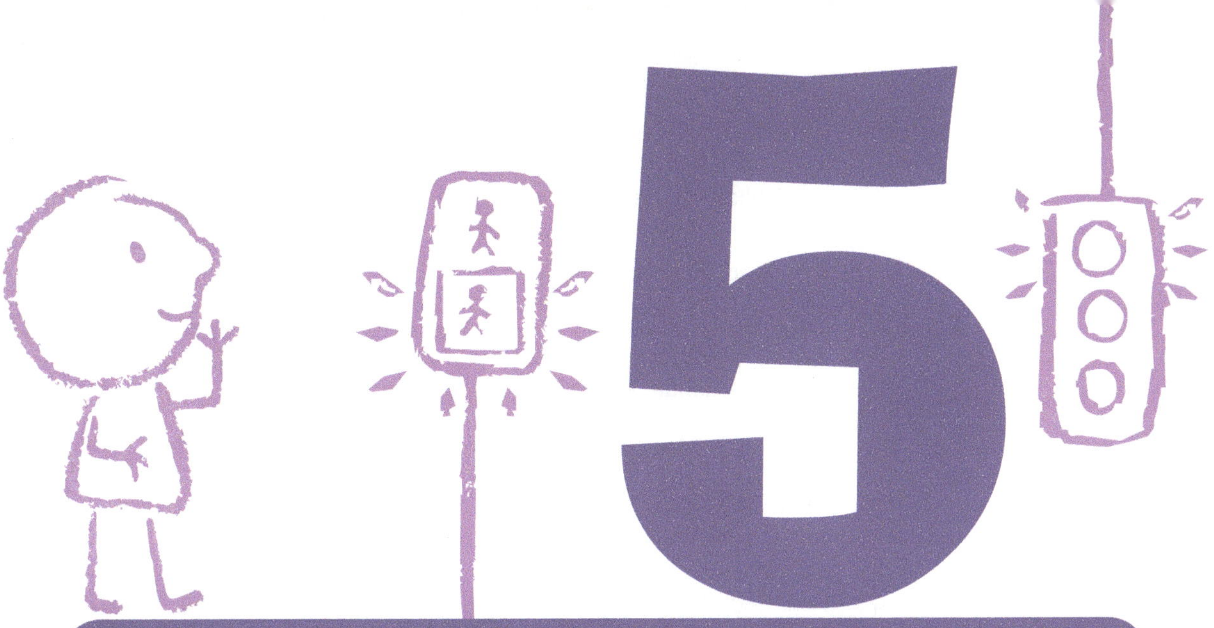

5

Trânsito

Silvio José Mazalotti de Araújo

Graduado em Direito (UFPR). Coronel da Reserva da Polícia Militar do Paraná.

Marli Tereza de Araújo Honaiser

Graduada em Pedagogia.

BASE EDITORIAL

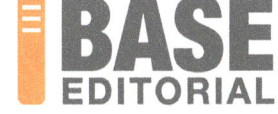

1ª edição
Curitiba
2013

Ação responsável

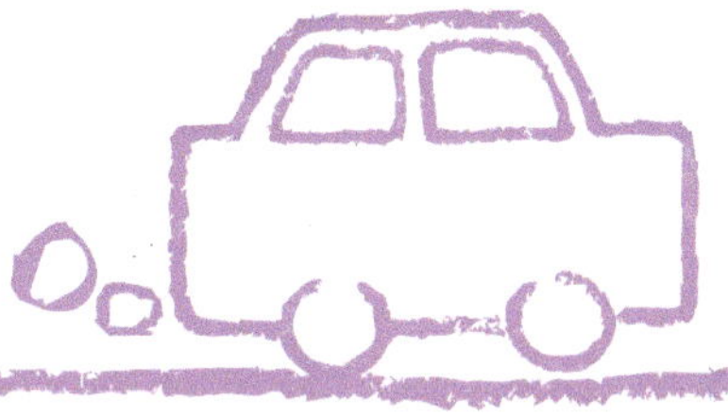

Dados para catalogação
Bibliotecária responsável Luciane Magalhães Melo Novinski
CRB 1253/9 – Curitiba, PR.

> Araújo, Silvio José Mazalotti de.
>
> Trânsito : compartilhando as vias de trânsito, 5 / Silvio José Mazalotti de Araújo, Marli Tereza de Araújo Honaiser ; ilustrações Adriano Loyola, Ivan Sória Fernandez – Curitiba : Base Editorial, 2013
>
> 64p. : il. ; 28cm (Coleção Trânsito, v.5)
>
> ISBN: 978-85-7905-840-0
> Inclui bibliografia.
>
> 1. Trânsito. 2. Legislação. 3. Meios de transporte. 4. Bicicletas – segurança no trânsito. I. Honaiser, Marli Tereza de Araújo. II. Título. III. Série.
>
> CDD (20ª ed.) 388.31

Trânsito : compartilhando as vias de trânsito, 5
© Marli T. de A. Honaiser; Silvio J. M. de Araújo.
2013

Ficha técnica

Conselho editorial
Mauricio Carvalho
Oralda A. de Souza
Renato Guimarães
Dimitri Vasic
Carina Adur de Souza

Coordenador editorial
Jorge Alves Martins

Editor
Carmen Lucia Gabardo

Iconografia
Osmarina F. Tosta

Revisão
Lucy Myrian Chá

Projeto gráfico e capa
Fernanda Luiza Fontes

Editoração
CWB design

Ilustrações
Adriano Loyola
Ivan Sória Fernandez

Editoração e Finalização
Solange Eschipio

Base Editorial Ltda.
Rua Antônio Martin de Araújo, 343 • Jardim Botânico • CEP 80210-050
Tel.: (41) 3264-4114 • Fax: (41) 3264-8471 • Curitiba • Paraná
www.baseeditora.com.br • baseeditora@baseeditora.com.br

Apresentação

Olá crianças,

Apontar os defeitos do trânsito é nosso direito, mas não podemos esquecer que todos nós somos responsáveis pela sua qualidade.

Garantir um trânsito com mais harmonia e segurança deve ser o compromisso de todos os brasileiros. Para tanto, devemos ter conhecimentos básicos de estratégias de ação e de tecnologias que controlem a poluição.

Respeitando as leis de trânsito, estaremos respeitando a nós mesmos em primeiro lugar, porque é da nossa segurança que estaremos tratando e, consequentemente, garantindo também a segurança de todos.

Como passageiros de um veículo, como pedestres ou como condutores devemos ser sempre responsáveis, pacientes e gentis, sendo assim pessoas que fazem a diferença no trânsito.

Os autores

Sumário

1. O poder público e o cidadão no trânsito ... 08
A segurança no trânsito urbano 08
Qualidade de vida no espaço rural 11
Gestão de trânsito 14
A missão da Lei Seca 16

2. O espaço nas vias públicas 20
Os problemas de trânsito nas grandes cidades 20
O benefício do pedágio nas grandes cidades do mundo 23
As praças de pedágio nas estradas brasileiras 28

3. O carro verde 30
Os carros menos poluentes 30
Os carros mais poluentes 32
O futuro sem gasolina 33

4. A bicicleta 36
Pedalar é legal! 36
O ciclista dentro da lei 40
Regras de comportamento 41
Sinalização de trânsito 46
A bicicleta no tempo 48
Equipamentos de segurança para o ciclista 51
Placas de sinalização de trânsito 53
    Placas de regulamentação 53
    Placas de advertência 56
    Placas de indicação e serviço 62
    Placas de indicação e atrativos turísticos 63

Referências 64

Ação responsável

Responsabilidade no trânsito

Tecnologia promissora

Evitando a poluição

Estratégias de ação

Para a vida mais saudável

1 O poder público e o cidadão no trânsito

A segurança no trânsito urbano

No espaço urbano, é fundamental que todos os usuários do trânsito interajam cooperativamente.

Para garantir a segurança e o conforto do pedestre é necessário que se reconheça a sua fragilidade em relação aos veículos.

Semáforos, faixas de travessia de pedestre, passarelas, qualidade das calçadas e sinalização de trânsito são recursos indispensáveis à segurança do pedestre no espaço urbano.

Transporte coletivo com pontos de embarque e desembarque bem instalados e linhas que atendam às necessidades de deslocamentos rápidos e bem planejados trazem conforto e segurança aos usuários.

Os veículos especiais, como ambulâncias, caminhões de bombeiros e viaturas policiais, atendem às situações de emergência no espaço urbano, portanto têm prioridade sobre os demais veículos nas vias públicas.

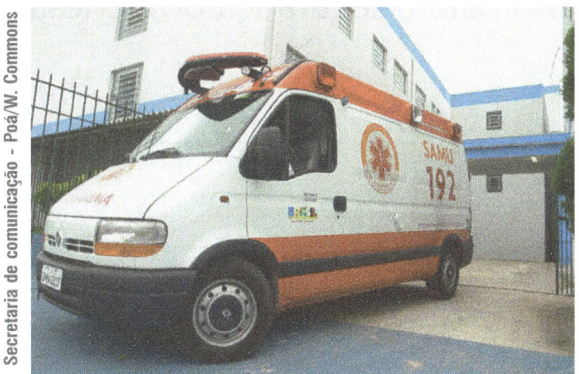
Ambulância do Samu, em Poá (SP).

Caminhão de bombeiro.

Carro da Polícia Civil - Rio de Janeiro.

Colaborar com as autoridades de trânsito e obedecer às leis favorecem as boas relações e garantem a qualidade de vida no trânsito.

Dirigir um veículo é uma atividade de alta responsabilidade, por isso os condutores devem estar sempre equilibrados, bem dispostos e sóbrios e o veículo deve estar em bom estado de trafegabilidade.

É dever do condutor transitar sem constituir perigo ou obstáculo para os demais elementos do trânsito.

Quando respeitamos a vida cooperando com todos, exercemos nosso dever e garantimos nosso direito a um trânsito mais humano e seguro.

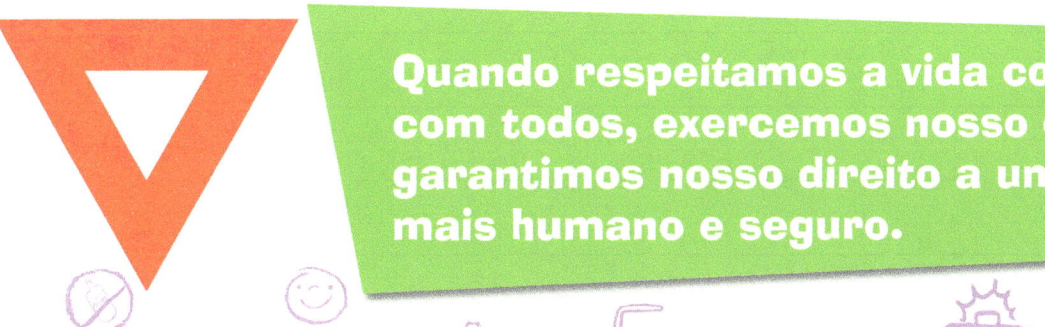

Use o texto!

1. Destaque do texto o que é necessário para a segurança do pedestre no espaço urbano.

   _____
   _____
   _____
   _____
   _____
   _____
   _____
   _____

2. Em sua opinião, quais são as qualidades de um bom condutor de veículo?

   _____
   _____
   _____
   _____
   _____
   _____
   _____

Qualidade de vida no espaço rural

Muitas famílias vivem no espaço rural e são de grande importância para o desenvolvimento do Brasil, pois plantam, colhem e criam animais não só para o consumo interno, mas também para a comercialização com outros países.

Essas pessoas deslocam-se de um lugar para outro usando as vias rurais e as estradas de alto tráfego. É necessário que essas vias sejam bem sinalizadas e conservadas, para garantir a segurança de todos e o transporte da produção rural.

Talita Ribeiro/C.Commons

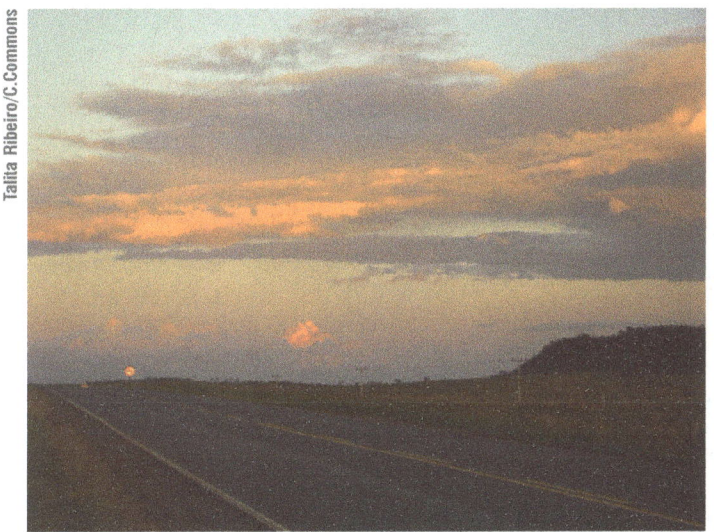

Estrada entre Cavalcante e Alto Paraíso, Chapada dos Veadeiros (GO).

Nesse meio, é comum a necessidade de percorrer muitos quilômetros para ir e vir da escola.

Os veículos destinados à condução coletiva de escolares devem ter registro como veículo de passageiros, passar por inspeção semestral e apresentar todos os equipamentos obrigatórios e de segurança. O condutor desse veículo deve possuir idade superior a 21 anos, ser habilitado e não ter cometido qualquer infração de trânsito nos doze últimos meses.

Marcelo Spatafora/Pulsar Imagens

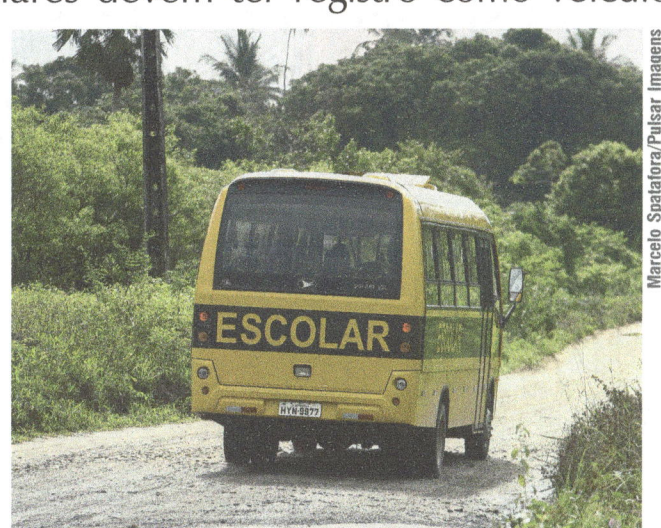

Ônibus de transporte escolar na área rural de Maracanaú (CE).

Fique Atento!

Transportar pessoas em veículos abertos é proibido, pois eles não oferecem segurança à vida.

1. Observe a situação de trânsito apresentada na página anterior. Faça um texto destacando as expectativas dos usuários de trânsito no espaço rural. Se quiser, pode ilustrar.

Gestão de trânsito

O trânsito é uma questão técnica e social, porque o poder público e o cidadão devem contribuir em conjunto para a sua qualidade.

Os acordos para a harmonia do Sistema de Trânsito estão registrados na legislação, no Código de Trânsito Brasileiro e nas Resoluções do Conselho Nacional de Trânsito – Contran.

No Código de Trânsito Brasileiro, o legislador preocupou-se em vincular as atividades de trânsito, de forma abrangente, à garantia do direito ao trânsito seguro, preconizando que os órgãos do Sistema Nacional de Trânsito darão prioridade em suas ações à defesa da vida, incluindo nela a preservação da saúde e do meio ambiente.

Conheça mais!

1. Analise o Código de Trânsito Brasileiro e registre aqui o que mais lhe chamou a atenção. Comente com seus colegas o que você anotou.

_____
_____
_____
_____
_____
_____
_____
_____
_____
_____
_____
_____
_____
_____
_____
_____
_____
_____
_____

A missão da Lei Seca

Em junho de 2008, entrou em vigor, no Brasil, a Lei Seca, que estabelece tolerância zero ao uso de álcool para quem vai dirigir.

Esta lei foi criada porque mais de 50% das mortes que ocorriam anualmente em acidentes de trânsito eram causadas por motoristas alcoolizados.

Acidente de trânsito - Brasil.

No entanto, apenas a lei não garante a segurança de todos no trânsito. São necessárias a fiscalização feita com bafômetros e a educação dos usuários das vias públicas.

Bafômetro - Policia Rodoviária Federal na BR-369. Ibiporã (PR).

Combater motoristas alcoolizados é prioridade de segurança nacional.

Fiscalização.

Quanto mais baixo o limite de tolerância e mais eficiente a fiscalização de combate ao condutor alcoolizado, menor será o número de acidentes fatais.

Entreviste!

1. Faça perguntas a uma pessoa de sua família sobre a Lei Seca. Escreva aqui a entrevista.

 **Pesquise!**

1. Recorte, de jornais e revistas, notícias de acidentes de trânsito causados por motoristas alcoolizados. Apresente essas notícias no mural de sua sala de aula.

2. Crie um slogan para uma campanha de trânsito sobre a Lei Seca.

_____
_____
_____
_____
_____
_____
_____

2 O espaço nas vias públicas

Os problemas de trânsito nas grandes cidades

O trânsito nas grandes cidades quase sempre apresenta problemas de congestionamentos porque muitas pessoas não querem trocar o conforto de seu carro pelo uso de transporte coletivo, por mais eficiente que ele seja.

Trânsito na Avenida 23 de Maio, em São Paulo.

Assim, cidades como São Paulo e Nova Iorque, que têm vasta malha de metrô, convivem com eternos congestionamentos.

As atitudes de cada usuário das vias públicas se refletem em todo o sistema de trânsito.

Quando um motorista estaciona em qualquer lugar para deixar alguém, a rápida "paradinha", pode causar transtornos para a fluidez e para a segurança.

Ao invadir as "*yellows box*", os condutores de veículos travam os cruzamentos causando sérios transtornos à fluidez do trânsito.

Ricardo Azoury/Pulsar Imagens

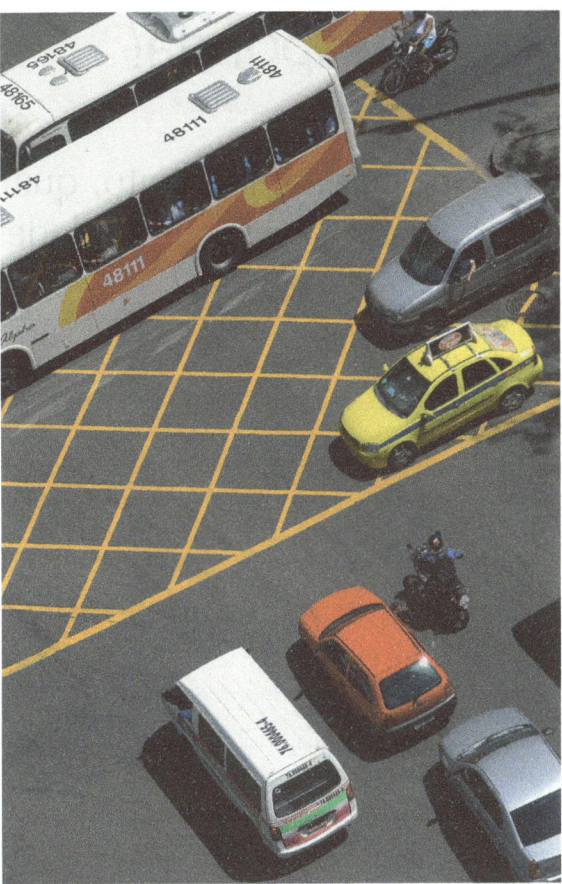

Invasão nas *yellows box*, Avenida Presidente Vargas – Rio de Janeiro (RJ).

Quando a faixa de travessia de pedestres é ocupada pelos veículos, o pedestre, que é o elemento mais frágil no trânsito, tem o seu direito desrespeitado.

©Jean-Michel LECLERCQ/Fotolia.com

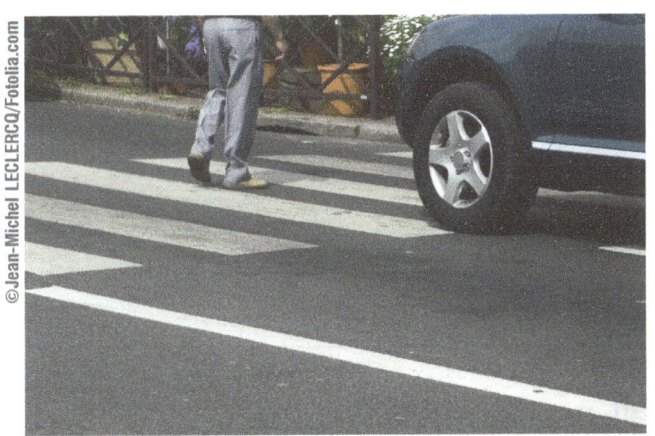

Carro em faixa de pedestre.

Os carrinheiros utilizam as vias públicas diariamente. É um transporte lento, mas também está sujeito às regras de trânsito. Os condutores de veículos mais rápidos devem respeitar esses trabalhadores e, assim, todos devem seguir as regras de boa convivência.

Delfim Martins/Pulsar Imagens

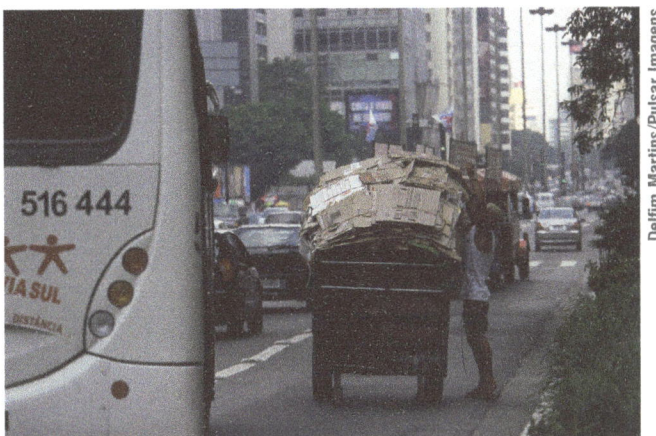

Carrinheiro no trânsito - Avenida Paulista - São Paulo (SP).

A paciência, o respeito e as gentilezas determinam a harmonia no trânsito.

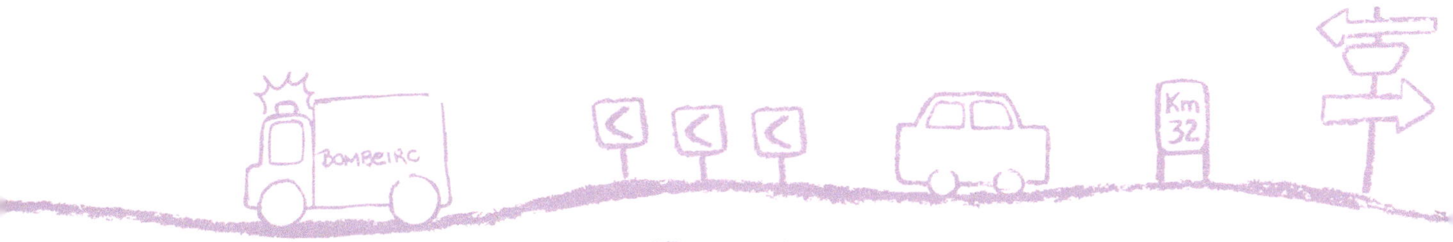

Responda!

1. No seu entendimento, quais as causas dos congestionamentos de trânsito nas grandes cidades?

   _____
   _____
   _____
   _____

2. Por que as atitudes individuais refletem em todo o sistema de trânsito?

   _____
   _____
   _____

3. Quem é o elemento mais frágil no trânsito? Por quê?

   _____
   _____
   _____
   _____

4. Na sua cidade ocorrem congestionamentos? Se ocorrem, quais os fatores que os provocam?

   _____
   _____
   _____
   _____

O benefício do pedágio nas grandes cidades do mundo

Muitas cidades no mundo todo já adotaram o uso do pedágio para reduzir o tráfego de veículos e aumentar a arrecadação de taxas municipais.

Em 1975, o pedágio foi utilizado na área central de Cingapura, fazendo o uso do transporte coletivo aumentar consideravelmente.

Oslo, capital da Noruega, instalou pedágio para aumentar a arrecadação. Atualmente fatura mais de 70 milhões de dólares por ano com a taxa.

Na capital da Inglaterra, Londres, cobra-se por dia dos motoristas que utilizam as ruas do centro da cidade. Isso fez com que reduzisse o número de veículos na região.

Na capital da Coreia do Sul, Seul, cobra-se pedágio dos carros com menos de dois passageiros.

Assim, o pedágio, medida nem sempre bem recebida, muitas vezes se faz necessário para conter o excesso de veículos nas vias públicas, diminuir a poluição e os grandes congestionamentos. Além disso, incentiva o uso do transporte coletivo e da bicicleta como meios de locomoção.

Congestion Charging. 15 de abril 2009. Londres (Inglaterra).

Saiba mais!

Como funciona o pedágio londrino:

1. Trafegar na região central custa 8 dólares por dia.

2. O pagamento pode ser feito em máquinas automáticas, por telefone, por mensagem de texto ou pela internet.

Scott Barbour/Staff/Getty Images

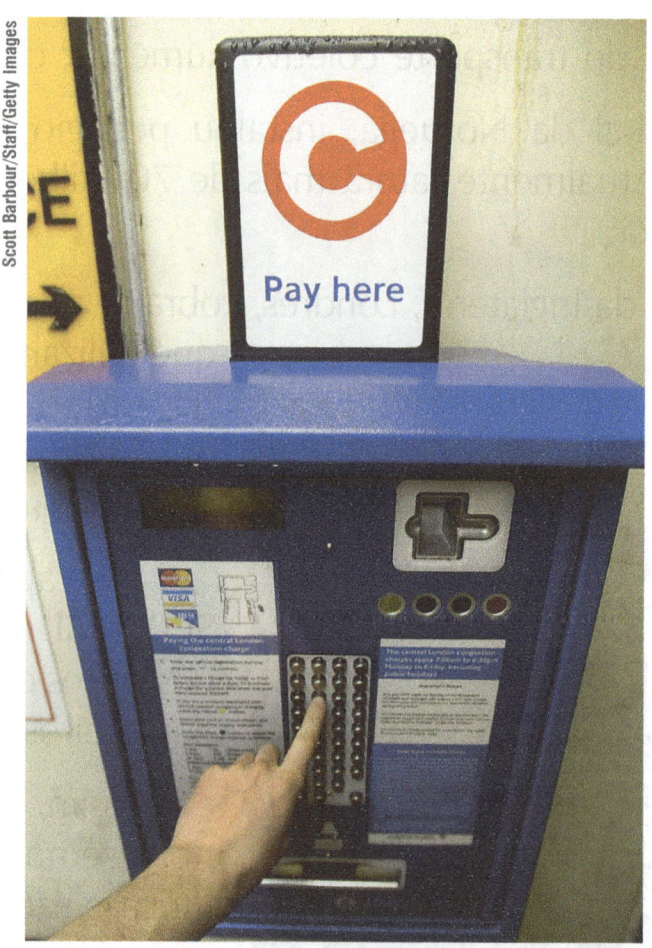

A pessoa paga a taxa de congestionamento usando uma máquina de *self-service*, Londres, 2003.

3. O controle é feito por câmeras que registram a placa dos veículos.

4. Moradores ganham descontos de até 90%.

Leia e Escreva

1. Quando e em que cidade foi usado o pedágio urbano?
   _____
   _____

2. Cite outras cidades que usam o pedágio urbano.
   _____
   _____
   _____

3. Que critérios foram utilizados, nas capitais citadas no texto, para a cobrança do pedágio urbano?
   _____
   _____
   _____
   _____
   _____

4. Na sua opinião, o pedágio traz benefícios? Por quê?
   _____
   _____
   _____
   _____

5. Com o seu professor, localize, no mapa-múndi, as cidades citadas no texto.

6. Pesquise sobre o pedágio nas grandes cidades do mundo. Coloque aqui o que você encontrou.

_____
_____
_____
_____
_____
_____
_____
_____
_____
_____
_____
_____
_____
_____
_____
_____
_____
_____
_____
_____

Saiba mais!

Há registros sobre cobrança de pedágio nas estradas entre a Síria e a Babilônia há 4.000 anos!

Os incas cobravam pedágio nas estradas de Cuzco, entre a atual Colômbia e o sul do Chile.

As praças de pedágio nas estradas brasileiras

Atualmente, no Brasil, São Paulo é o estado que apresenta a maior malha rodoviária pedagiada, seguindo-se os estados do Paraná, Rio Grande do Sul e Rio de Janeiro, entre outros.

Paul & Aline Burland/W.Commons

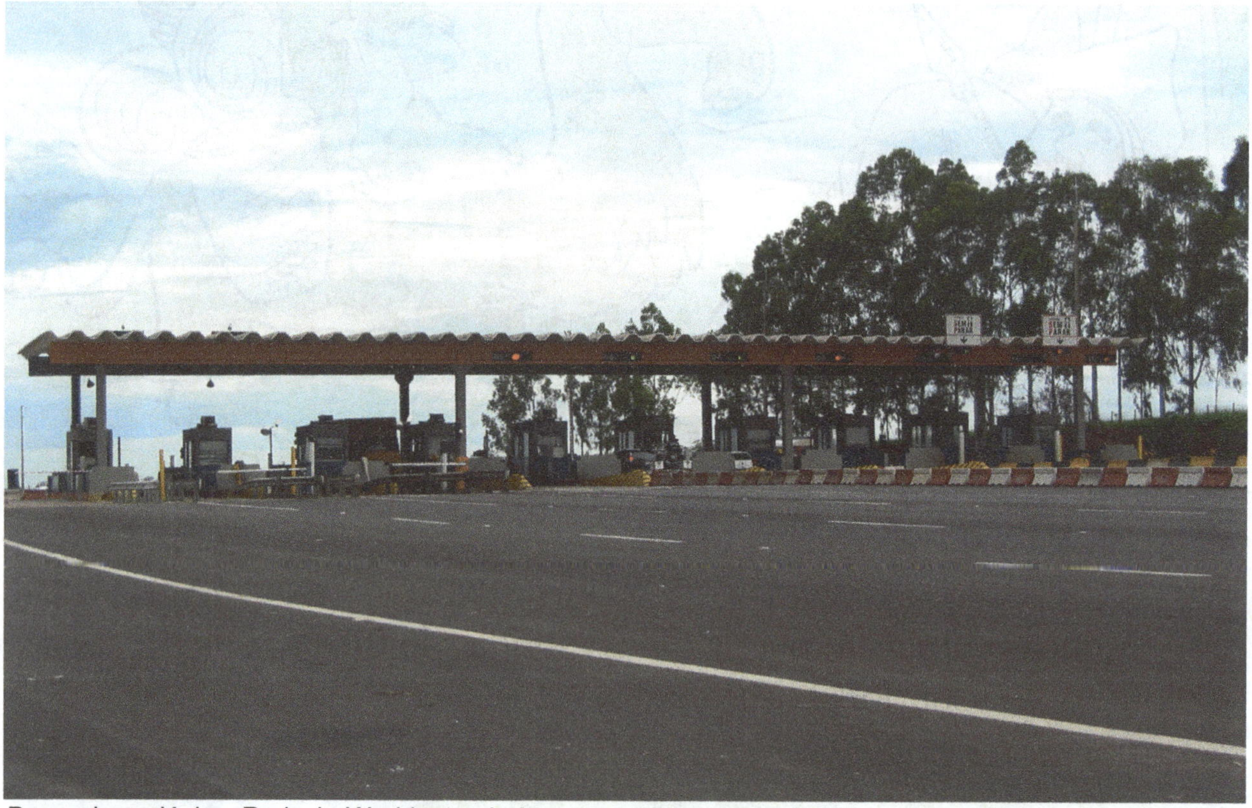

Praça de pedágio - Rodovia Washington Luís.

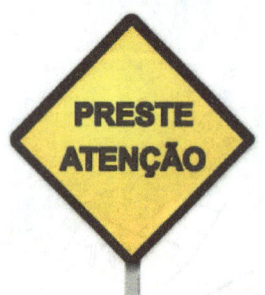

Nas estradas brasileiras, o pedágio pode ser classificado como taxa de serviço de conservação da via pública. Esse serviço é explorado por concessionárias ou diretamente pelo governo estadual.

Faça um roteiro!

Com o auxílio de um mapa rodoviário do Brasil, trace uma viagem que você e seus pais gostariam de fazer nas férias.

Escreva aqui essa viagem, localizando as estradas pedagiadas e os lugares que você e sua família visitariam.

_____
_____
_____
_____
_____
_____
_____
_____
_____
_____
_____
_____
_____
_____
_____
_____
_____
_____
_____

3 O carro verde

Os carros menos poluentes

Os carros emitem gás carbônico e outros gases poluentes que prejudicam nossa saúde.

Diminuir ao máximo a emissão desses gases no meio ambiente depende da produção de carros mais eficientes e também dos cuidados na utilização dos veículos.

Os carros com motor *flex*, isto é, aqueles que podem ser abastecidos com gasolina ou com álcool, emitem até 77% menos gás carbônico na atmosfera do que um carro movido somente à gasolina.

Carro sendo abastecido.

Os carros equipados com catalisador conseguem neutralizar 90% dos gases poluentes.

Veículos com motor 1.0 têm um consumo de combustível 20% mais eficiente do que os modelos 2.0 e possuem o mesmo desempenho dentro das cidades, onde o trânsito urbano raramente permite velocidade superior a 60 quilômetros por hora.

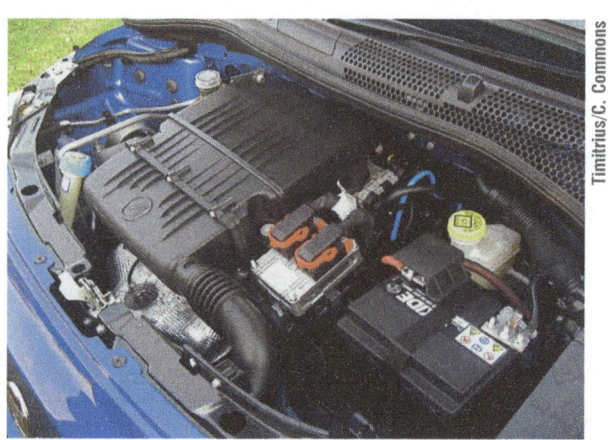

Motor de carro 1.0.

Recorte!

Retire de revistas e cole aqui figuras de veículos menos poluentes.

Os carros mais poluentes

Um veículo em velocidade acima de 110 quilômetros por hora é 25% mais poluente, por causa do esforço exigido do motor.

A quantidade máxima de quilômetros que um veículo consegue percorrer com 1 litro de combustível determina a medida do impacto no meio ambiente.

Assim, um veículo que percorre 7 quilômetros com 1 litro de combustível polui mais do que aquele que consegue percorrer 13 quilômetros com o mesmo gasto de combustível.

©Stefan Redel/Fotolia.com

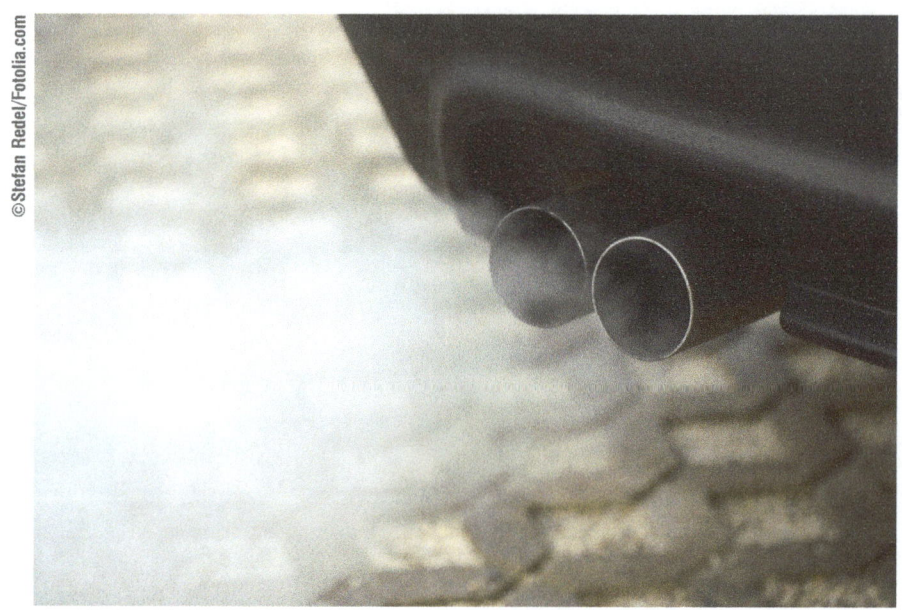

Escape de carro emitindo fumaça.

José Moutinho/C.Commons

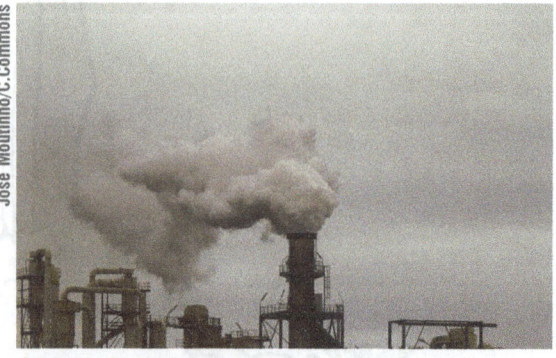

Chaminé de fábrica soltando fumaça.

Poluição atmosférica: causa principal do aquecimento global.

Apresente!

Faça uma pesquisa sobre os veículos menos e mais poluentes e apresente-a em um mural.

O futuro sem gasolina

A indústria automotiva está desenvolvendo tecnologia para a fabricação de veículos que não dependem de combustível poluente.

Algumas indústrias automotivas já desenvolveram protótipos, entre eles:

Venturi Fétish.

O carro esportivo Venturi Fétish, lançado no Salão de Genebra (Suíça), em março de 2002, pode atingir 170 quilômetros por hora e tem autonomia de 350 quilômetros. Usa baterias de íons de lítio.

O pequeno carro Cyti Car, desenvolvido pelo Instituto de Tecnologia de Massachusetts, é elétrico e compacto para duas pessoas; dispõe de quatro motores, um em cada roda, alimentados por baterias com autonomia de duas horas.

Cyti Car.

No Brasil, a Itaipu Binacional, em parceria com uma montadora, está desenvolvendo um protótipo de veículo elétrico.

Os combustíveis "verdes" são aqueles que produzem menos gás carbônico. Os mais viáveis atualmente são o etanol e o biodiesel.

Para produzir 1000 litros de etanol, são necessárias 12 toneladas de cana-de-açúcar. Quando está crescendo, ela retira do ar 7 464 quilos de gás carbônico.

O hidrogênio líquido e a eletricidade produzida por baterias não emitem nenhum tipo de fumaça quando utilizados como combustível, mas o seu uso ainda é restrito.

Energia eólica.

Energia limpa não polui o planeta!

Construa!

Imagine um veículo projetado para o futuro, não poluente, mais seguro e eficiente.

Desenhe abaixo o veículo que você imaginou.

Monte esse veículo com sucata.

Apresente sua criação em sala de aula.

4 A bicicleta

Pedalar é legal!

A bicicleta é um veículo movido à propulsão humana.

É um meio econômico e prático de locomoção, usado também no esporte e no lazer.

A bicicleta é uma opção ecologicamente correta. Segundo a Unesco, é um meio de transporte efetivamente sustentável.

Pedalar é uma atividade saudável que aproxima as pessoas, garantindo um ambiente urbano mais humano, sem ruído nem fumaça.

A bicicleta é também um meio de transporte rápido e pode ser usada entre bairros próximos.

Por ser um veículo de baixo custo de aquisição e manutenção, facilita a mobilidade de pessoas no mundo todo.

Bicicleta.

Estacionamento de bicicletas na Alemanha.

Estima-se que há mais de 78 milhões de bicicletas circulando na Alemanha.

Outros países como Holanda, Dinamarca, França, China, Colômbia, Cuba, entre outros, apresentam importante tradição no transporte cicloviário.

No Brasil, as cidades de Blumenau (SC), Governador Valadares (MG) e o Rio de Janeiro (RJ) são conhecidas pela sua cultura cicloviária, pois têm grande extensão de ciclovias.

Ciclovia no Rio de Janeiro (RJ), com vista para a Baía da Guanabara e para o Pão de Açúcar.

A maior proporção de bicicletas por habitante encontra-se em Afuá, no Pará. Só há duas maneiras de se locomover na cidade: a pé ou de bicicleta.

Isso porque Afuá foi construída sobre palafitas e seus habitantes usam pontes de madeira que suportam pouco peso. Lá se criou o "bicitáxi", um riquixá movido a pedaladas.

Pense e escreva!

Trânsito em Dhaka – Bangladesh.

Vendo a situação de trânsito apresentada na imagem acima, apresente aqui as vantagens do uso da bicicleta no sistema trânsito.

_____
_____
_____
_____
_____
_____
_____
_____
_____

O ciclista dentro da lei

A bicicleta é considerada um veículo e o ciclista deve respeitar as normas estabelecidas pelo Código de Trânsito Brasileiro.

As bicicletas de aro superior a 20 têm de apresentar, obrigatoriamente, os seguintes equipamentos:

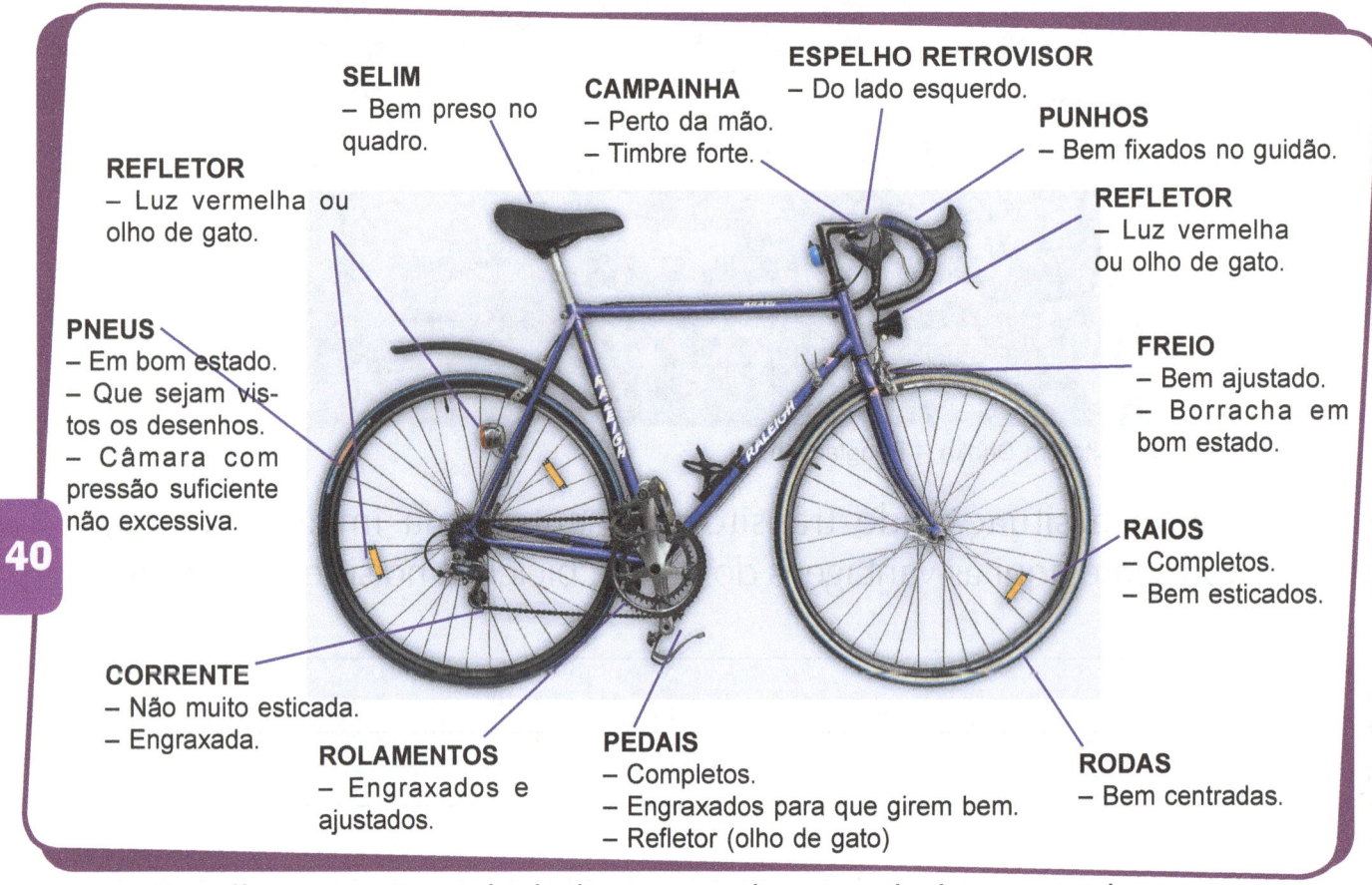

SELIM
– Bem preso no quadro.

CAMPAINHA
– Perto da mão.
– Timbre forte.

ESPELHO RETROVISOR
– Do lado esquerdo.

PUNHOS
– Bem fixados no guidão.

REFLETOR
– Luz vermelha ou olho de gato.

REFLETOR
– Luz vermelha ou olho de gato.

PNEUS
– Em bom estado.
– Que sejam vistos os desenhos.
– Câmara com pressão suficiente não excessiva.

FREIO
– Bem ajustado.
– Borracha em bom estado.

RAIOS
– Completos.
– Bem esticados.

CORRENTE
– Não muito esticada.
– Engraxada.

ROLAMENTOS
– Engraxados e ajustados.

PEDAIS
– Completos.
– Engraxados para que girem bem.
– Refletor (olho de gato)

RODAS
– Bem centradas.

1. Espelho retrovisor do lado esquerdo, acoplado ao guidom e sem haste de sustentação.

2. Campainha.

3. Sinalização noturna, composta de refletores, com alcance mínimo de 30 metros:

   a) na dianteira nas cores branca ou amarela;

   b) na traseira na cor vermelha;

   c) nas laterais e nos pedais de qualquer cor.

Estão dispensadas do espelho retrovisor e da campainha as bicicletas destinadas à prática de esportes, quando em competição.

As bicicletas deverão trafegar com os pneus cheios e em bom estado, para não danificar aros e nem causar acidentes.

Regras de comportamento

No trânsito, o ciclista deve utilizar o braço esquerdo para sinalizar as sua intenções de mudança de direção.

| DOBRAR À ESQUERDA | DOBRAR À DIREITA | DIMINUIR A MARCHA OU PARAR |

O ciclista deve utilizar a ciclovia ou ciclofaixa. Na ausência delas, deve trafegar na rua pelo lado direito, junto ao meio-fio, respeitando a sinalização de trânsito.

Ciclovia – Campo Grande, Santos (SP).

O ciclista desmontado empurrando a sua bicicleta é igual a um pedestre, para tanto, deve se comportar como tal no trânsito.

Saiba mais!

Para a segurança do ciclista no trânsito, é importante:

Ter muito cuidado nos cruzamentos e ficar atento ao fluxo dos outros veículos.

Prestar atenção nas entradas e saídas de garagens.

Quando estiver em grupo, manter-se em fila indiana e usar roupas claras para ser visto.

Evitar ultrapassar entre os veículos.

Não trafegar sobre as calçadas e canteiros.

Evitar manobras perigosas, como empinar, dar cavalo de pau e conduzir a bicicleta ameaçando os pedestres.

Nunca pegar carona na traseira de veículos (ônibus, caminhão, etc.) Numa freada brusca, um acidente quase sempre acontece.

O uso dos equipamentos individuais (capacete, luvas) representa a segurança do ciclista.

Marque o certo!

Coloque (c) nas situações corretas:

( )

( )

( )

Sinalização de trânsito

A bicicleta é um veículo, não um brinquedo.

Andar de bicicleta, no trânsito, é uma ação que exige responsabilidade e muita atenção.

Parar nos sinais vermelhos e respeitar as placas de sinalização são atitudes de respeito, educação e exercícios de cidadania.

Veja algumas placas:

Sentido de circulação da via.

Siga em frente.

Vire à esquerda.

Vire à direita.

Passagem obrigatória.

Mão dupla.

Circulação exclusiva de bicicleta.

Proibido o trânsito de bicicleta.

Ciclistas.

Área escolar.

Passagem sinalizada de escolares.

Sinalize!

Recorte as placas de sinalização de trânsito e coloque-as na situação de trânsito abaixo:

A bicicleta no tempo

A história da bicicleta tem início em 1790 com o "celerífero" (celer = rápido, fero = transporte), veículo de madeira com duas rodas e acionado por impulso alternado dos pés sobre o chão. Foi criado pelo conde Sivrac da França.

Em 1490, desenhos de Leonardo da Vinci apresentam uma máquina semelhante à bicicleta atual.

Em 1816, o alemão Karl Friederich Von Drais adapta uma direção ao celerífero, criando a Draisine, que desenvolvia uma velocidade de 15 quilômetros por hora.

Em 1840, o escocês Kirkpatrick Macmillan adapta no eixo traseiro duas bielas ligadas por uma barra de ferro. Isso deu mais estabilidade ao veículo.

No ano de 1855, o francês Ernest Michaux inventa o pedal, que foi instalado num veículo de duas rodas traseiras e uma dianteira.

Em 1862, Ernest Michaux consegue fabricar 143 bicicletas em um ano, tornando-se o primeiro fabricante oficial.

O inglês dr. James Moore, em 1868, é o vencedor da primeira corrida de ciclismo de 1200 metros, usando uma bicicleta de pneus maciços de borracha.

Em 1898, chega no Brasil a primeira bicicleta vinda da Europa.

Somente no ano de 1948, a bicicleta começa a ser fabricada no Brasil.

Bicicleta Karl Friederich. Draisine, também chamada Laufmaschine ("máquina de correr"), por volta de 1820. O Laufmaschine foi inventado pelo barão alemão Karl Von Drais, em Mannheim, em 1817. Sendo o primeiro meio de transporte a fazer uso do princípio das duas rodas, o Laufmaschine é considerado como o arquétipo da bicicleta. Esse Draisine foi construído com madeira de cerejeira. Ele é exibido no Museu Kurpfälzisches, em Heidelberg, Alemanha (Inv.-No. GH 98).

Bicicleta Ernest Michaux.

Organize!

Baseado no texto, apresente a evolução da bicicleta numa linha do tempo.

Equipamentos de segurança para o ciclista

Somos responsáveis por nossa segurança, portanto, quando pensamos e agimos desta forma, estamos cuidando de todas as pessoas à nossa volta.

Em nossas atividades, a segurança vem em primeiro lugar. E para nossa proteção devemos obrigatoriamente usar alguns equipamentos:

Capacete.

1. Capacete, que deve ter múltiplos ajustes, proteção de nuca acolchoada e ser bem ventilado. Viseira, se tiver, é interessante.

Luvas.

2. Luvas, confeccionadas em tecido que "respira", almofadada e em couro na palma da mão.

Óculos.

3. Óculos de proteção são importantes nas condições de meio ambiente em que vivemos hoje. Os olhos são órgãos muito delicados e a nossa visão não tem preço, portanto, use óculos de boa qualidade.

5. Tênis ou calçado de solado que não permitam que os pés escorreguem no pedal. Mantenha os cadarços presos, evitando que enrosquem no pé da vela e da coroa. Evite usar calçados com solados de cravos altos, pois eles tiram a posição correta de apoio do pé no pedal.

Tênis.

Andar de *bike* à noite tem se tornado cada vez mais comum em nossas cidades, contudo existem alguns riscos que o ciclista precisa aprender a evitar.

Diversos fatores são muito importantes quando falamos em segurança, mas com certeza o mais importante é ser visto, principalmente, pelos motoristas.

Sempre que você for pedalar à noite lembre-se de usar:

- Roupas claras.
- Colete refletivo.
- Tornozeleiras refletivas.
- Lanternas (vermelha para traseira, branca para dianteira).

Quando utilizarmos a bicicleta à noite, como medida de segurança, devemos providenciar a instalação de farol, para iluminar nosso caminho e também para que os pedestres e motoristas nos vejam, e luz intermitente para chamar a atenção dos motoristas e sermos vistos.

Lanterna vermelha para traseira.

Placas de sinalização de trânsito
Placas de regulamentação

Parada obrigatória.

Dê a preferência.

Sentido proibido.

Proibido virar à esquerda.

Proibido virar à direita.

Proibido retornar à esquerda.

Proibido retornar à direita.

Proibido estacionar.

Estacionamento regulamentado.

Proibido parar e estacionar.

Proibido ultrapassagem.

Proibido mudar de faixa ou pista de trânsito da esquerda para a direita.

Proibido mudar de faixa ou pista de trânsito da direita para a esquerda.

Proibido trânsito de caminhões.

Proibido trânsito de veículos automotores.

Proibido trânsito de veículos de tração animal.

Proibido trânsito de bicicletas.

Proibido trânsito de tratores e máquinas de obras.

Peso bruto total máximo permitido.

Altura máxima permitida.

Largura máxima permitida.	Peso máximo permitido por eixo.	Comprimento máximo permitido.	Velocidade máxima permitida.
Proibido acionar buzina ou sinal sonoro.	Alfândega.	Uso obrigatório de corrente.	Conserve-se à direita.
Sentido de circulação da via ou pista.	Passagem obrigatória.	Vire à esquerda.	Vire à direita.
Siga em frente ou à esquerda.	Siga em frente ou à direita.	Siga em frente.	Ônibus, caminhões e veículos de grande porte, mantenham-se à direita.
Duplo sentido de circulação.	Proibido trânsito de pedestre.	Pedestre, ande pela esquerda.	Pedestre, ande pela direita.

Circulação exclusiva de ônibus.	 Sentido circular na rotatória.	 Circulação exclusiva de bicicletas.	 Ciclista, transite à esquerda.
 Ciclista, transite à direita.	 Ciclista à esquerda, pedestre à direita.	 Ciclista à direita, pedestre à esquerda.	 Proibido trânsito de motocicletas, motonetas e ciclomotores.
 Proibido trânsito de ônibus.	 Circulação exclusiva de caminhão.	 Trânsito proibido a carros de mão.	Informações complementares 1
Informações complementares 2	Informações complementares 3	Informações complementares 4	Informações complementares 5
Informações complementares 6	Informações complementares 7	Informações complementares 8	Informações complementares 9

Informações complementares 10

Informações complementares 11

Informações complementares 12

Informações complementares 13

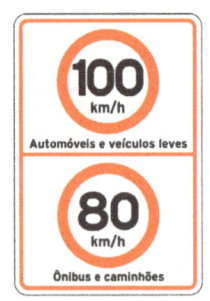

Informações complementares 14

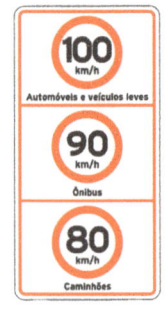

Informações complementares 15

Placas de advertência

Curva acentuada à esquerda.

Curva acentuada à direita.

Curva à esquerda.

Curva à direita.

Pista sinuosa à esquerda.

Pista sinuosa à direita.

Curva acentuada em "s" à esquerda.

Curva acentuada em "s" à direita.

Curva em "s" à esquerda.

Curva em "s" à direita.

Cruzamento de vias.

Via lateral à esquerda.

Via lateral à direita.	Interseção em "T".	Bifurcação em "Y".	Entroncamento oblíquo à esquerda.
Entroncamento oblíquo à direita.	Junções sucessivas contrárias, primeira à esquerda.	Junções sucessivas contrárias, primeira à direita.	Interseção em círculo.
Confluência à esquerda.	Confluência à direita.	Semáforo à frente.	Parada obrigatória.
Bonde.	Pista irregular.	Saliências ou lombadas.	Depressão.
Declive acentuado.	Aclive acentuado.	Estreitamento de pista ao centro.	Estreitamento de pista à esquerda.

Estreitamento de pista à direita.	 Alargamento de pista à esquerda.	 Alargamento de pista à direita.	 Ponte estreita.
 Ponte móvel.	 Obras.	 Mão dupla adiante.	 Sentido único.
 Sentido duplo.	 Área com deslizamento.	 Pista escorregadia.	 Projeção de cascalho.
 Trânsito de ciclistas.	 Passagem sinalizada de ciclistas.	 Trânsito compartilhado por ciclistas e pedestres.	 Trânsito de tratores ou maquinaria agrícola.
 Trânsito de pedestres.	 Passagem sinalizada de pedestres.	 Área escolar.	 Passagem sinalizada de escolares.

Crianças.	 Animais.	 Animais selvagens.	Altura limitada.
Largura limitada.	 Passagem de nível sem barreira.	 Passagem de nível com barreira.	Cruz de Santo André.
 Final da pista dupla.	 Início da pista dupla.	 Pista dividida.	 Aeroporto.
 Vento lateral.	 Rua sem saída.	Peso bruto total limitado.	Peso limitado por eixo.
Comprimento limitado.	Sinalização especial de advertência para faixas ou pistas. (ÔNIBUS NO CONTRAFLUXO A 100 m)	Sinalização especial de advertência para faixas ou pistas. (PISTA EXCLUSIVA DE ÔNIBUS A 150 m)	Sinalização especial de advertência para faixas ou pistas. (FIM DA FAIXA EXCLUSIVA A 100 m)

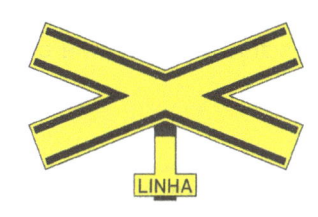

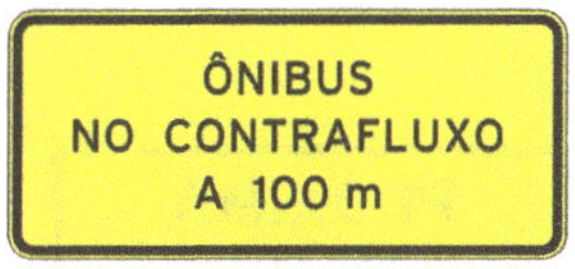

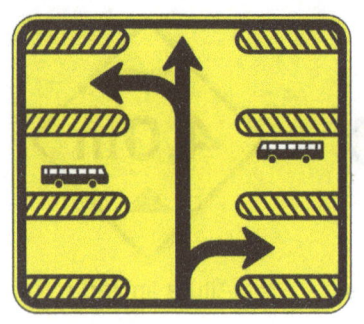

Sinalização especial de advertência para faixas ou pistas exclusivas de ônibus.

Sinalização especial de advertência para pedestres.

Sinalização especial de advertência para pedestres.

Sinalização especial de advertência para restrições ou imposição para os usuários da via.

Sinalização especial de advertência para condições da pista ou condições climáticas.

MG 50 PERMITIDO CAMINHÕES ATÉ 2 EIXOS

Sinalização especial de advertência para restrições ou imposição para os usuários da via.

SAÍDA DE EMERGÊNCIA Corpo de Bombeiros A 100m

Sinalização especial de advertência para condições da pista ou condições climáticas.

Sinalização especial de advertência para condições da pista ou condições climáticas.

Informações complementares 1

Informações complementares 2

Informações complementares 3

Informações complementares 4

Informações complementares 5

Sinalização especial de advertência para vias de trânsito rápido.

Sinalização especial de advertência para vias de trânsito rápido.

Informações complementares 6

Informações complementares 7

Informações complementares 8

Informações complementares 9

Informações complementares 10

Informações complementares 11

Informações complementares de distância 1

Informações complementares de distância 2

Informações complementares de extensão ou de proporção 1

Informações complementares de extensão ou de proporção 2

Informações complementares de posição 1

Informações complementares de posição 2

Informações complementares de reforço ou complemento 1

Informações complementares de reforço ou complemento 2

Informações complementares de direção ou de alternativas 1

Informações complementares de direção ou de alternativas 1

Placas de indicação e serviço

Área de estacionamento.	Serviços telefônicos.	Serviço mecânico.	Abastecimento.
Pronto-socorro.	Terminal rodoviário.	Restaurante.	Borracheiro.
Hotel.	Área de campismo.	Aeroporto.	Transporte sobre água.
Terminal ferroviário.	Ponto de parada.	Informação turística.	Pedágio.

Serviço sanitário.

Estacionamento de trailer.

Passagem protegida para pedestres.

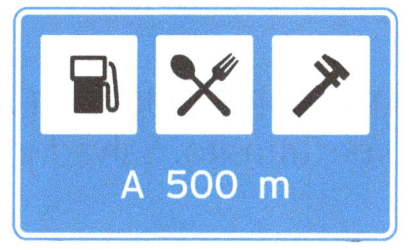

A 500 m

Placa para condutores.

Travessia de pedestres

Placa para pedestres.

Travessia de pedestres

Placa para pedestres.

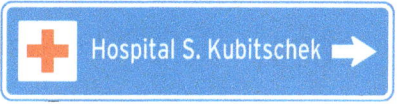

Hospital S. Kubitschek

Placa para condutores.

Travessia de pedestres

Placa para pedestres.

Travessia de pedestres

Placa para pedestres.

Placas de indicação e atrativos turísticos

Praia
Atrativos turísticos naturais.
Praia.

Ilha
Atrativos turísticos naturais.
Ilha.

Patrimônio natural
Atrativos turísticos naturais.
Patrimônio natural.

Arquitetura religiosa
Atrativos históricos e culturais.
Arquitetura religiosa.

Arquitetura militar
Atrativos históricos e culturais.
Arquitetura militar.

Museu
Atrativos históricos e culturais.
Museu.

Patrimônio cultural
Atrativos históricos e culturais.
Patrimônio cultural.

Centro de cultura
Atrativos históricos e culturais.
Centro de cultura.

Referências

CÓDIGO DE TRÂNSITO BRASILEIRO, Imprensa Nacional, Brasília, 1998.

DEPARTAMENTO DE TRÂNSITO E SECRETARIA DE EDUCAÇÃO DO ESTADO DA BAHIA. Projeto de Educação de Trânsito. Salvador, 1999.

KUTIANSKI, Maria Lúcia A.; ARAÚJO, Silvio J. Mazalotti de. Educando para o trânsito – Educação Infantil, Kalimera, São Paulo, 1999.

TECNODATA. Educação no Trânsito. Curitiba, 2001.

TOLENTINO, Nereide. Trânsito: Qualidade de Vida do Condutor e o Código de Trânsito Brasileiro. São Paulo: Edicom, 2001.

Sites:

<www.criançasegura.org.br>

<www.educardpaschoal.org.br>

<www.ufrgs.br/GPECT>

<www.transitocomvida.ufrj.br>

<www.detranpr.gov.br>

<www.detranrr.gov.br/projetotransitar>

<www.ilhamagica.com.br/transitandocomsegurança>

<www.tomasfaria.blogspot.com/2008 04 01 archive.html>

<www.anpf.com.br/histnostrilhos>

<www.fortunecity.com/.../560/automovel.html>